AF336812

Ln 27/17373

NOTICE

BIOGRAPHIQUE

A l'Industrie Française,

AU COMMERCE FRANÇAIS.

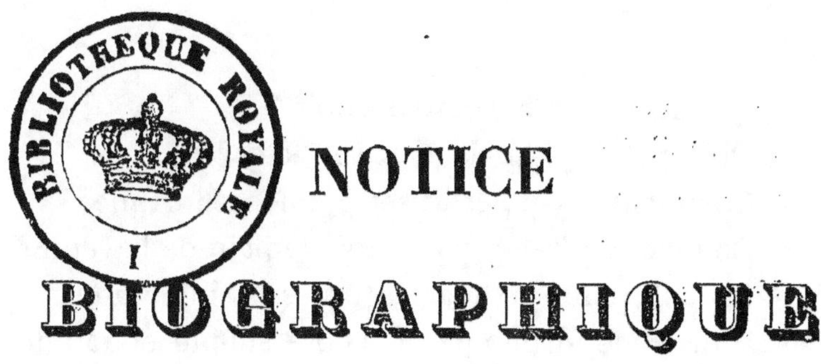

NOTICE BIOGRAPHIQUE

A l'Industrie Française,

AU COMMERCE FRANÇAIS.

Lorsque nous avons ouvert la souscription *Richard-Lenoir*, nous avons trouvé dans cet homme honorable, toute la dignité des âmes fières, des âmes haut placées; rarement elles consentent à s'avouer vaincues et à montrer leurs blessures; mais nous, juges de la lutte et de son mérite, nous avons persisté, autant pour l'honneur du commerce français que pour soulager des douleurs que n'aurait jamais dû ressentir celui qui dévoua sa vie entière au bonheur et à la prospérité de son pays.

Mais aujourd'hui que les temps commencent à s'éloigner, quelques-uns peut-être se demanderont, se diront :

Qu'est-ce que Richard-Lenoir?

Qu'a-t-il fait? quels sont ses actes?

Comment a-t-il perdu son immense fortune?

Comment n'a-t-il pas sauvé le pain de l'avenir?

Faut-il, enfin, soulager toutes les infortunes?

Nous répondrons par l'exposé simple et rapide des faits.

Qu'est-ce que Richard-Lenoir?

Le premier manufacturier de France; ainsi proclamé par le ministre de l'intérieur, M. de Montalivet, père, dans le rapport qu'il adressa à la Chambre des Députés, sur la situation de l'industrie française, à cette époque.

Quels sont ses actes? Qu'a-t-il fait?

La guerre à l'industrie anglaise! — Après quelques années du travail le plus opiniâtre, il est parvenu à élever sur le sol de la France, *quarante-deux établissements - manufactures, exploités par seize mille ouvriers...* Voilà ses forteresses, voilà l'armée qu'il a créée pour combattre l'industrie anglaise.

Qu'a-t-il fait?—Toutes ses manufactures, créées par son seul génie, étaient autant d'écoles-pratiques, et c'est enfin à lui que la France doit la conquête de cette industrie qui, jusque - là payait d'énormes tributs à l'Angleterre.

Ce qu'il a fait! — En 1813, où toutes les transactions commerciales étaient arrêtées, il a conservé le pain de ses ouvriers en épuisant ses ressources pour leur assurer de l'ouvrage. — Écoutez tous ces hommes de travail et de peine ; ils gémissent quand on leur dit : Richard-Lenoir est pauvre, lui, qu'ils nommaient l'homme de la Providence !

Ce qu'il a fait ! voyons encore. — A Saint-Quentin, les prisonniers espagnols étaient dans la misère la plus profonde ; Richard-Lenoir en fut attristé, et des centaines de ces malheureux furent vêtus à ses frais. Interrogez la population de Saint-Quentin, elle en a religieusement gardé le souvenir.

Ce qu'il a fait ! — Des conscrits réfractaires, du Calvados, se trouvaient sous le coup de la loi, et la loi était sévère ; Richard-Lenoir eut pitié de ces pauvres enfants, et pour venir à leur secours, il s'adressa au préfet, Cafarelli ; il y aurait eu impossibilité pour tout autre que Richard-Lenoir, il fallait, par chaque homme arrêté, quatre mille cinq cents francs de cautionnement, Richard-Lenoir signa l'engagement ; mais, honneur à cette brave jeunesse ! pas un seul n'a compromis la responsabilité du bienfaiteur.

Ce qu'il a fait ! — De pauvres religieuses, les dames de la Croix, recevaient de lui, tous les mois, cent francs, il leur a donné cette somme jusqu'au moment où l'empereur a laissé le trône. — Que sont-elles devenues, ces malheureuses femmes ? elles sont mortes, et, sans doute, en priant le ciel de verser ses grâces sur l'homme généreux qui eut pitié de leurs déchirantes misères.

Ce qu'il a fait ! — L'église de son modeste village tombait en ruines ; il l'a fait relever, et chaque année, pendant tout le temps de sa prospérité, le pasteur recevait de lui trois cents francs pour les pauvres. — Aujourd'hui le pauvre peut encore s'agenouiller et prier Dieu sur la pierre du temple ; mais l'aumône ? il ne la reçoit plus, la main qui la répandait, le malheur l'a desséchée.

Ce qu'il a fait ! — Combien d'orphelins, d'enfants abandonnés, recueillis dans ses manufactures ; il les nourrissait, les logeait, les habillait, les faisait instruire ; et leur temps fini, il donnait à chacun un habillement complet et trois cents francs. — Ils sont heureux, ces enfants de la pitié... et lui ? le souvenir du bien qu'il a fait est encore sa plus chère consolation.

Ce qu'il a fait ! — Nous avons vu le Français dévoué à son pays, le grand manufacturier, le cœur de l'homme, voyons à présent le soldat. — En 1814, colonel de la 8me légion, aucune dépense ne lui a coûté pour équiper, armer la légion confiée à son commandement, et pour assurer la défense de Paris.

Ce qu'il a fait ! — Nos malheureux soldats, blessés, mutilés, jetés dans Paris, sans secours, sans pain, sans asile, pour eux, Richard-Lenoir a transformé ses ateliers en hôpitaux, et là, nos braves trouvèrent asile, secours, et la nourriture de l'homme. — Peut-être, sous le chaume, au moment où nous parlons, quelques-uns de ces vieux soldats racontent-ils à leur famille, comment, et par quelle main ils ont échappé à la mort.

Qu'a-t-elle fait cette 8e légion quand Richard-Lenoir avait l'honneur de la commander?

Le 30 mars 1814, elle a repris l'artillerie enlevée par l'ennemi. A six heures du soir elle soutenait encore son feu sur toute la ligne, et pourtant Paris avait capitulé à quatre heures de l'après-midi : Richard-Lenoir l'ignorait.

Ce qu'il a fait ! — C'est à lui que nous devons de pouvoir saluer encore le glorieux monument de la place Vendôme. En 1815, l'étranger, vainqueur, regardait en souriant cette foule de misérables s'épuisant en vains efforts pour abattre la statue du grand homme et renverser la colonne : Richard-Lenoir parla de la 8me légion, du faubourg Saint-Antoine ; aussitôt l'étranger devint soucieux, et la tourbe gagée, acharnée sur le beau monument de nos triomphes, s'enfuit, pour ne plus reparaître. — Napoléon avait élevé la colonne, l'humble Richard-Lenoir l'a conservée.

Ce qu'il a fait !—Dans ces temps de douloureux souvenir, les braves officiers de nos glorieuses armées, proscrits, errants, sans moyens d'existence : Richard-Lenoir les appelait, et ils ne souffraient plus... qu'au cœur.

Que de faits généreux n'aurions-nous pas encore à dire s'il fallait raconter toute la vie de cet homme, l'honneur de son pays ! et , qu'a - t -il reçu en échange de tant de dévouement? la proscription ; en 1815, son nom fut porté sur la fatale liste du 24 juillet; mais il avait seize mille ouvriers ; en comptant trois personnes par famille , c'était à peu près cinquante mille bouches que l'on allait affamer; cela fit refléchir, et son nom fut rayé.

COMMENT A-T-IL PERDU SON IMMENSE FORTUNE?

Au 30 mars 1814, Richard-Lenoir avait une fortune de huit millions ; cette fortune se représentait, en grande partie, par les produits manufacturés et les cotons bruts qui encombraient ses magasins et ses nombreuses manufactures. Toutes ces marchandises avaient payé au Trésor, pour les droits d'entrée, près de neuf francs par kilogramme. Depuis 1810 jusqu'en mars 1814, Richard-Lenoir a versé dans les caisses de l'état, pour acquitter ce droit, *quatorze millions cinq cent mille francs*.

Le 23 avril 1814, le comte d'Artois supprime les droits , le 24, Richard-Lenoir était ruiné. Cela s'explique : la baisse sur les cotons, par suite de cette inconcevable mesure, fut incalculable; enfin, l'étoffe qui se vendait huit francs, on n'en voulait plus pour quarante sols. — Le résultat, pour la France entière, de ce premier acte du nouveau gouvernement, fut une perte d'au moins *quinze cents millions*.

Faut-il encore demander comment Richard-Lenoir a perdu sa fortune?

Comment n'a-t-il pas réservé le pain de l'avenir ?

Richard-Lenoir est un de ces hommes qui ne cèdent pas à l'adversité; il voulut recommencer le combat, et toujours courageux, après avoir flotté entre le succès et les revers, alternative produite encore par les secousses politiques, il atteignait enfin le moment du repos, si nécessaire après soixante-quatorze années passées dans les agitations de la vie, lorsqu'en mars 1834, le feu dévora sa seule et dernière ressource, la manufacture de Laigle. La faible somme que la compagnie d'assurance eut à payer pour ce sinistre, fut engloutie dans cette nouvelle et terrible liquidation.

Voilà comment le pain de l'avenir s'est échappé de ses mains.

Si, en 1814, Richard-Lenoir avait voulu spéculer sur ses propres affaires, il serait riche, très-riche, et en grand honneur, puisque la richesse met en honneur celui qui la possède; mais, demandez cela à un honnête homme !

Faut-il soulager toutes les infortunes ?

Plût au ciel que cela fût possible ! mais il est de ces infortunes qui ne peuvent se comparer; il en est qui deviennent la dette de la société, et que la société doit racheter, et par honneur et par équité.

Le soldat blessé sur le champ de bataille reçoit de l'État la croix et la pension ; l'homme tombé en combattant tout aussi glorieusement pour l'honneur et la prospérité de son pays, ne trouverait-il pour récompense que l'oubli, l'abandon et l'ingratitude de ses concitoyens?

Nous ne le pensons pas !

Le Roi, la Reine, la Famille royale, ont voulu paraître à la tête de la souscription.

Le ministre du commerce, des préfets, des magistrats, se sont fait inscrire.

Des chambres de commerce, des tribunaux de commerce, des citoyens honorables, ont de toute part répondu à notre appel.

A Gand, à Anvers, à Bruxelles, notre voix a été entendue.

Pourquoi? — Parce que le nom, *Richard-Lenoir Dufresne*, est européen, et que l'exemple qu'il a donné doit être conservé, encouragé pour l'intérêt et le bonheur de l'humanité.

Nous avons bien jugé.

Signé : Vavin. — E. Séguier. — D. Ravel. — Champion (petit manteau bleu). — Gaussen, jeune. — Alexandre Piot. — A. Pommier. — Ch. Hedelhofer. — Pérardel. — Andelle.

Membres du comité nommé pour la souscription Richard-Lenoir.

Juin 1837.

Les listes des souscriptions sont ouvertes
à Paris, chez

MM. Odier, député de la Seine, régent de la Ban-
que de France, boulevard Poissonnière, 15.

Delarue, colonel de la 8me légion, rue Blan-
che, 6.

Paturle Lupin, député de la Seine, rue de
Paradis-Poissonnière, 23.

D'Hubert, maire du 5me arrondissement, rue
de Bondi, 20.

Méjaean, consul général de Suède, rue Grange-
Batelière, 18.

Beudin, lieutenant colonel de la 8me légion,
rue Mesnil-Montant, 16.

Bayvet, adjoint-maire du 8me arrondissement,
rue de la Roquette, 70.

Corbin, notaire, place de la Bourse, 31,

Nicolas Koechlin, député du Bas-Rhin, rue du
Sentier, 13.

SOUSCRIPTION.

S. M. le Roi, 600 fr.; la Reine, 300 fr.; Ma-
dame Adelaïde, 300 fr.; S. A. R. le duc d'Orléans,
200 fr.; le ministre du commerce, 500 fr.;
le préfet de la Seine, 100 fr.; M. Aubé, tribunal
de commerce, 380 fr.; chambre des courtiers de
commerce, 200 fr.; chambre de commerce de
Lille, 420 fr.; chambre de commerce de Marseille,

3oo fr. ; Van Ruller, président du tribunal de commerce de Gand, 1oo fr.; de Saint-Quentin, MM. Le-
hoult, 579 fr.; M. Vavin, notaire, 1oo fr.; M. Champion, *petit manteau bleu*, 200 fr.; Mme Dufay, 200 fr.;
Champion fils, 5o fr. ; Butne, filateur, 1oo fr.;
Paturle Lupin, 5oo fr. ; Lupin père, 1oo fr. ; Lupin fils, 5o fr.; employés de la maison Paturle, 6o fr.;
Salandrouze, 200 fr.; Piot et Jourdan père, 5oo fr.;
Mme Delisle, 1oo fr. ; Le Vilain Dufriche, 3oo fr. ;
Le 2me bataillon de la 8me légion, 1,119 fr. 5o c. ;
4me bataillon, compagnie de grenadiers, 184 fr. ;
8me légion, compagnie du 2e idem, 52 fr. 75 c. ;
commerce de bois carré, 5o fr. ; Charles Ternaux,
1oo fr.; Henry Ternaux, 5o fr. ; Édouard Ternaux,
5o fr.; Waldemar Ternaux, 5o fr. ; le général Jac-
queminot, 20 fr. ; idem, Tourton, 20 fr. ; de la
Rue, 1o fr. ; M. Chauffer, 5o fr. ; Ad. Séguier,
5o fr. ; Ernest Séguier, 25 fr. ; Mme Legrand, 25 fr.;
Jules Legrand, 5o fr.; M. Chevalereau, 25 fr. ;
Hip. Boucher, 20 fr.; Ravel, 1oo fr.; Carterois
Fortier, 20 fr.; Gouré, 20 fr. ; Buigny, 25 fr. ;
Rey, 20 fr. ; Labbé, 1o fr. ; Gervaise, 1o fr. ;
Hunderlang, 5o fr. ; Guilbert, 25 fr. ; Lhabitant,
20 fr.; Brousse, 1o fr. ; Pin, 5 fr. ; Gossin, 1o fr.;
Gossin jeune, 25 fr. ; Blanquet, 3o fr. ; Menuet,
1o fr. ; L. Fould, 20 fr.; Hurlado, 20 fr. ; Levy
Guitberger, 20 fr. ; Parrain, 5 fr. ; Defontry, 1o fr.;
Chambellan Duché, 20 fr. ; Laroche, 5 fr. ; Charles
Seydoux, 5o fr.; Petit aîné, 5o fr. ; Bouronet Au-

bértot , 5o fr. ; Beaudesson, ancien notaire, 5o fr. ;
Fréd. Hebert , 10 fr. ; Montepui , 5 fr, ; Baupré Ma-
noury , 3o fr.; Roger, 5 fr. ; Guerrin Deterre ,
20 fr. ; Coussin jeune, 10 fr. ; Guest, 10 fr. ; Bos-
quillon , 3o fr. ; Lambert Blanchard , 10 fr. ; Hus-
son , 5 fr. ; ancien voyageur de M. Richard , 5o fr.;
ancien employé, idem, 20 fr. ; Hesler Kelmn, 20 fr.;
Cumen , 5o fr. ; anonyme, 5o fr. ; une dame, 5 fr. ;
Oudot père, 20 fr. ; Boutielle, 10 fr. ; Legrand
Crepin, 10 fr. ; Vignet, 10 fr. ; Jemminfois , 10 fr.;
Vinay, avoué, 5o fr. ; Ceez, 5 fr. ; Oudot, 25 fr. ;
Leroy, 10 fr. ; Dumon Boissaye, 25 fr. ; veuve Luc
Callagham , 25 fr. ; H. Gallevey, 10 fr. ; anonyme,
10 fr. ; Anquetil, 5o fr. ; Thiéry Lanoue, 3o fr. ;
Jeaneret, 25 fr. ; George, 5 fr. ; George aîné, 10 fr.;
Navet, 5 fr., Delanoue, 3o fr.; Merel, 5 fr. ; Guil-
lard, 5 fr. ; Rochard, 5 fr. ; Guillon , 20 fr.; Pon-
cheux, 5 fr.; Porceau, 10 fr. ; Burch père , 10 fr.;
Moreau , 3o fr.; Riant , 10 fr. ; Frencard, 10 fr. ;
David, 5 fr. ; Meynard , 5 fr. ; Fouquet, 10 fr. ;
Legney, 5 fr.; Lacroye, 5 fr.; Mme Champot,
20 fr.; Pardoise, 5 fr.; Maria, 10 fr.; Baratin ,
20 fr.; Perret, 10 fr. ; Dubrin, 5 fr. ; Pierre, 15 fr.;
T. F., 5 fr.; L. D., 41 fr.; Gupan, 5 fr. ; Freville
Vingt, 5o fr. ; Mandron , 5o fr, ; Choppin, 5 fr.;
L. Choppin, 5 fr. ; P. Barbet, 5 fr. ; Goubaux,
5 fr. ; Debray, 5 fr.; F. Beudin, 10 fr.; Aug. Beu-
din, 5 fr. ; Pomlmier, 5 fr.; Canion, 5 fr.; Roussel, 5 fr, ; Saupene, 5 fr. ; Figuier, 20 fr. ; Massin,

10 fr. ; Aug. Barbet, 5 fr. ; Haas, 60 fr. ; anonyme, 40 fr. ; idem, 20 fr. ; idem, 10 fr. ; un ouvrier, 1 fr. ; Salvia, 25 fr. ; Hermann, 5 fr. ; Anstheme, ancien chef de division au ministère de l'intérieur, 50 fr. ; R. doyen des commis de M. Richard, 20 fr. ; Josset, 10 fr. ; Richebourg, 10 fr. ; Vignes, 10 fr. ; Manceau, 1 fr. ; Flaire, 2 fr. ; Lemoine, 5 fr. ; un fabricant, 25 fr. ; Clanceau, 10 fr. ; Royer fils, 3 fr. ; Paillard, 5 fr. ; Mlle Lambert, 50 fr. ; Labbé et compagnie, 25 fr. ; P. Bayvet, 50 fr. ; A. Bayvet, 5 fr. ; Langromme, 5 fr. ; Thomassin, 5 fr. ; Durand, 5 fr. ; Bonnefond, 10 fr. ; Buchenet, 5 fr. ; Cocheux, 5 fr. ; Archedeacon, 10 fr. ; Gauvin et compagnie, 50 fr. ; Dauche, 5 fr. ; Bisson, 5 fr. ; Grossenard, 10 fr. ; anonyme, 5 fr. ; Massé, 5 fr. ; Tourasse, 5 fr. ; Aucher, 10 fr. ; Kœnty, 10 fr. ; Mme Matheron, 50 fr. ; Lancelot, 10 fr. ; J. B. Ruchard, 30 fr. ; Bonnevie, 15 fr. ; Cornuault, 10 fr. ; Coignet Hamelin, 10 fr. ; Niquet; 20 fr. ; Rousselle oncle, 25 fr. ; T. Baudot, 10 fr. ; Prevots jeune, 10 fr. ; Menard, 10 fr. ; Laferière, 5 fr. ; anonyme, 10 fr. ; idem, 10 fr. ; idem, 5 fr. ; Chardon Lagache, 20 fr. ; Gouy, 5 fr. ; Gaillard, 5 fr. ; anonyme, 5 fr. ; idem, 5 fr. ; Lanoux, 5 fr. ; anonyme, 10 fr. ; Gallois, 5 fr. ; Jodon, 5 fr. ; Despagnol, 5 fr. ; Debrême Perreau, 5 fr. ; Desabie, 20 fr. ; Durel, 5 fr. ; Esnaul, 25 fr. ; une dame, 20 fr. ; Sorbet, 20 fr. ; Herrouard, 20 fr. ; Robillard, fabricant de faïence, 40 fr. ; Gautier, 10 fr. ;

Gautier, 5 fr. ; A. Taigny, 3o fr. ; D. Taigny, 5 fr. ; Joubert, 2 fr. ; Petit, 5 fr. ; Masson, 5 fr. ; Cléc, 10 fr. ; Levasseur aîné, 10 fr. ; Borde, 20 fr. ; Desvaux, 5 fr. ; Marion, 25 fr. ; Charles Sedillot, 25 fr. ; Taigny père, 25 fr. ; MM. Dufour de Saint-Quentin, 100 fr. ; Héron, 4o fr. ; Henry Porteau de Versailles, 20 fr. ; Mme Gevaudan, 5o fr. ; M. Dartigue, 100 fr., un employé, 5 fr. ; Pegoul, 5 fr. ; Pingeon, 2 fr. ; Lacour, 3 fr. ; un ouvrier serrurier, 2 fr. ; Roussel, 5 fr. ; anonyme, 45 fr. ; Carbonne, 2 fr. ; Dedouvre, 20 fr. ; Caille, 2 fr. ; Devilleneuve, 5 fr.

———

Les fonds de la souscription sont déposés chez M. Corbin, notaire, place de la Bourse, 31.

———

Mémoires de Richard-Lenoir, publiés par lui-même. Deux vol. in-8°. Chez Delaunay, libraire, Palais-Royal.

Imprimerie de Ducessois, quai des Augustins, 55.